DE L'ÉDUCATION

DES

SOURDS-MUETS

DISCOURS

PRONONCÉ A LA DISTRIBUTION DES PRIX DE L'INSTITUTION IMPÉRIALE

DES SOURDS-MUETS DE CHAMBÉRY

Le 31 Août 1867

Par M. l'abbé Ed. RIEFFEL, Directeur.

CHAMBÉRY

IMPRIMERIE A. POUCHET ET COMPAGNIE

Place Saint-Léger, 29

1867

DISCOURS

PRONONCÉ A LA DISTRIBUTION DES PRIX

DE L'INSTITUTION IMPÉRIALE DES SOURDS-MUETS DE CHAMBÉRY

Le 31 Août 1867

Par M. l'abbé ED. RIEFFEL, Directeur.

Messieurs,

Entre les fêtes nombreuses auxquelles vous prenez part dans le courant de l'année, la fête de famille que vous honorez en ce jour de votre présence est sans contredit l'une de celles qui méritent le plus votre attention et votre intérêt, l'une des plus fécondes en douces émotions.

« Cette solennité, disait en pareille circonstance le sourd-muet Pélissier, cette solennité bien que simple ici, bien qu'exempte d'éclat et de fanfares, n'en est pas moins émouvante, tant s'en faut. L'œil du penseur vient de préférence y jeter un regard profond et religieux. Vous-mêmes, mesdames et messieurs, vous vous dites que vous assistez à de véritables triomphes, au triomphe du fait sur l'hypothèse, du succès sur ce qui avait été jugé impossible, de l'éducation enfin sur une nature incomplète et ingrate. »

Cette distribution des prix est une fête pour nos élèves bien-aimés, qui, après une longue année d'efforts persévérants, viennent avec bonheur recevoir la récompense de leur travail et de leur bonne conduite; c'est une fête pour les parents, qui, le cœur palpitant de joie et d'amour, vont couronner de lauriers les fronts timides de leurs enfants, ressuscités glorieux du tombeau dans lequel leur âme était ensevelie; c'est une fête pour vous qui êtes venus applaudir aux succès des uns et participer au bonheur des autres. C'est aussi pour nous particulièrement une fête de famille, car si les sourds-muets nos chers élèves, vivent et s'aiment entre eux comme des frères, les maîtres dévoués auxquels est confiée leur éducation ne cessent de les entourer de la sollicitude et de l'affection sans bornes que les parents eux-mêmes prodiguent à leurs enfants. En accomplissant la tâche importante, la sainte mission dont le gouvernement a daigné nous charger malgré notre peu d'expérience et notre insuffisance, nous ne perdrons pas de vue les enseignements de la sagesse divine qui arrive d'une fin à une autre avec force et dispose tout avec une égale douceur (Sap., VIII), et nous nous appliquons à toujours allier la tendresse maternelle à l'énergie puissante de l'autorité paternelle.

Parmi les malheureux, pourquoi les sourds-muets inspirent-ils une si profonde compassion, un si vif intérêt? Pourquoi leur éducation, malgré ses difficultés innombrables, a-t-elle tant d'attraits pour nous que nous ne saurions vivre, ce semble, s'il n'y avait plus de sourds-muets à instruire?

Ah! c'est que notre cœur découvre l'incommensurable étendue de leur malheur; il comprend qu'il ne s'agit pas seulement ici de soulager une souffrance passagère, mais d'entreprendre une œuvre de science, de charité, de

dévouement, tout exceptionnelle, c'est-à-dire de faire sortir du néant moral des êtres déshérités dont l'âme habite les ténèbres et végète dans l'ombre de la mort (Luc, i); de faire pénétrer dans cette âme l'étincelle divine, la vérité, la foi, la consolation, l'espérance du bonheur éternel; de rendre un grand nombre d'infortunés à eux-mêmes, à leur famille, à la patrie, à Dieu.

Jusqu'au xvi° siècle, l'éducation du sourd-muet était regardée comme impossible. Exclu du sein de sa propre famille, méprisé, ravalé au niveau de la brute, il traînait une existence misérable, et semblait destiné à souffrir depuis le berceau jusqu'à la tombe. Actuellement, le moyen de l'instruire n'est plus un problème, mais une incontestable vérité dont nos élèves eux-mêmes sont une preuve évidente. De nombreuses institutions sont ouvertes dans tous les pays pour recevoir les infortunés privés de l'ouïe et de la parole. La munificence du gouvernement, des départements et des communes d'un côté, la charité d'un autre côté, ont créé des bourses pour faciliter aux indigents l'admission dans les écoles spéciales. Toutefois, il se rencontre encore des hommes, intelligents même et généreux, qui, sous l'influence de funestes préjugés, préfèrent laisser les sourds-muets plongés dans les ténèbres de leur ignorance native, frustrés du bienfait inappréciable de l'instruction et de la foi, vivre comme des sauvages et des païens au milieu de la civilisation et des splendeurs du christianisme. Il est aussi des parents qui, par une coupable négligence ou une sordide avarice, les abandonnent à leur triste sort et refusent d'accepter, pour ces malheureux enfants, la faveur d'un enseignement gratuit, afin de ne pas se priver, même temporairement, du produit de leur travail. Aux uns et aux autres nous rappelons que l'éducation seule est capable de relever le sourd-muet de la dégradation morale dont la nature l'a frappé; qu'elle est indispensable et possible; qu'elle devient dès lors, pour la société une dette sacrée, et pour les parents un de leurs devoirs les plus rigoureux. Nous ajoutons que c'est l'effet d'une cruauté inqualifiable de laisser dans son état d'abrutissement le sourd-muet susceptible d'être instruit.

Un spectacle si affligeant aura sans doute bientôt un terme, et en France sera portée un jour, nous l'espérons, la loi suivante, déjà promulguée dans d'autres contrées :

« Tout enfant sourd-muet, né dans nos Etats, recevra l'éducation nécessaire pour en faire un membre utile de la société. »

Causes de la surdi-mutité.

Les causes qui déterminent la surdi-mutité sont fort nombreuses; ce sont principalement les influences atmosphériques, les habitations et les localités humides, insalubres, comme on en rencontre dans beaucoup de cantons de la Suisse ; les mariages entre les parents consanguins, les maladies propres à l'enfance, et spécialement les fièvres typhoïde et cérébrale.

Historique.

Cette infirmité, depuis les temps les plus anciens, a toujours fait partie du cortége des innombrables misères qui affligent l'humanité, et dont la cause première, la source unique, n'est autre que la révolte de l'homme contre son Créateur.

En parcourant les livres saints, nous voyons qu'il est partout fait mention de cette infortune si terrible dans ses conséquences.

Lorsque le Seigneur Dieu envoya Moïse vers Pharaon pour délivrer le peuple israélite, le chef des Hébreux s'excusa de ne pouvoir remplir cette mission, en représentant la difficulté qu'il avait de parler. Le Seigneur lui répondit :

« Qui a fait la bouche de l'homme ? qui a formé le muet et le sourd, celui qui voit et celui qui est aveugle ? N'est-ce pas moi ? » (Exod., IV.)

Parmi les lois contenues dans le Lévitique on remarque la suivante : « Vous ne parlerez pas mal du sourd. (Lévit., XIX.) Le prophète Isaïe annonçant environ 800 ans à l'avance les bienfaits dont le Messie viendrait combler les hommes, dit : « Alors les yeux des aveugles verront le jour, et les oreilles des sourds seront ouvertes ; le boiteux bondira comme le cerf et la langue des muets sera déliée. (L., XXXV.) Zacharie demeura sourd et muet (κωφός) pendant plusieurs mois pour ne pas avoir ajouté foi aux paroles de l'ange qui lui prédisait la naissance de saint Jean ; il se servait de tablettes pour répondre aux interrogations qu'on lui faisait par signes. (Luc I.) Personne n'ignore le miracle opéré par N. S. Jésus-Christ lorsque, guérissant le sourd-muet, il remplit le peuple d'admiration : « Il a bien fait toutes choses ; il a fait entendre les sourds et parler les muets. (Marc, VII).

Bien des siècles se sont écoulés avant qu'on ait songé à retirer le sourd-muet de l'état malheureux dans lequel il est plongé, parce qu'on regardait une telle entreprise comme absolument impossible ; la privation de l'ouïe et de la parole était considérée comme un obstacle invincible au développement intellectuel et aux communications sociales.

Condition du Sourd-Muet avant son instruction.

Il est hors de doute que les sourds-muets avant d'entrer dans nos écoles, arrivent à un certain développement moral et intellectuel plus ou moins étendu selon les conditions dans lesquelles il se trouve placé. « Cette première culture de l'esprit et du cœur s'opère sans le secours d'une langue ; l'enfant, qu'il entende ou non, exerce ses facultés, il sent et pense avant de pouvoir exprimer ses sentiments, ses pensées. » (Morel).

C'est à tort qu'on voudrait attribuer aux Sourds-Muets plus d'intelligence et plus d'aptitude au bien qu'aux autres hommes ; la surdité congéniale, il est vrai, n'altère aucunement le principe même des facultés intellectuelles ; mais elle en retarde l'essor, en contrarie l'exercice et nuit au développement du sens moral. « Etranger, pour ainsi dire, à nos sociétés, où il campe plutôt qu'il n'habite, le sourd-muet est un être isolé dans le monde. Privé de l'attribut humain par excellence, la parole, la plus grande partie de sa vie est employée à la conquérir... Le langage n'est pas le moyen, mais le but de ses études, pendant de longues années. A l'âge où les autres hommes, en pleine possession d'une langue, s'assimilent la science et vont à la conquête des vérités nouvelles, le sourd-muet est encore occupé à acquérir le premier élément de la connaissance ; et il consomme dans cet apprentissage, la plus belle partie de ses jours. Et quand, plus tard, à force de peine, il est enfin parvenu à posséder l'instrument de la pensée, il se trouve en retard de dix et de quinze années sur les parlants. » (H. Valleroux.)

Toutefois c'est une déplorable erreur de prétendre que les sourds-muets ordinaires n'ont, avant d'être instruits dans une institution, aucune idée intellectuelle, aucune notion de devoir, et vivent à l'état purement organique et animal. Ils apportent en naissant les mêmes facultés que l'enfant doué de l'ouïe, mais ces facultés sont pour ainsi dire *endormies*, selon la belle expression de Saint Augustin, et elles attendent le moment du réveil et de l'exercice.

Le sourd-muet, avant toute instruction, observe, réfléchit, juge ; il éprouve les mêmes sentiments que les autres enfants ; il a quelques notions de la propriété, distingue le vrai du faux, le juste de l'injuste, le bien du mal. Il peut même, selon le milieu dans lequel il vit, s'élever à un vague pressentiment d'un être supérieur ; mais, incapable de se former une idée exacte de la Divinité, il la matérialise.

Mis au ban de la société, les sourds-muets étaient confondus avec les idiots, les insensés, exclus du droit commun et réduits à l'ilotisme.

C'est en Espagne et au XVIe siècle seulement que l'art d'instruire les sourds-muets a pris naissance. Pierre de Ponce, bénédictin mort en 1584, et un de ses contemporains, Jean Paul Bonet, se sont livrés les premiers avec succès à la pratique de cet art; l'un s'attachait surtout à mettre les sourds-muets en possession de la parole, le second associa à l'emploi de la parole celui de l'alphabet manuel.

Depuis cette époque jusqu'en 1760, un grand nombre de savants et d'écrivains dont nous passons les noms sous silence ont fait des tentatives individuelles pour enseigner les sourds-muets, dans les diverses contrées de l'Europe (1).

Vers le milieu du XVIIIe siècle, un instituteur israélite, Rodrigues Pereire, originaire de l'Estramadure, obtenait d'heureux résultats sur les élèves dont il avait entrepris l'éducation; la dactylologie formait la base essentielle de son enseignement; il employait aussi les signes mimiques et la parole. Toutefois, ensevelissant ses connaissances sous le voile du mystère, « il emporta dans la tombe les idées qui étaient toute sa fortune et qui lui eussent assuré une renommée glorieuse, si, au lieu de vouloir d'abord faire de sa méthode un héritage de famille, il en eût fait immédiatement l'apanage de l'humanité. »

____

(1) En Italie, Ramirez de Carion, sourd-muet, donnait des leçons, en 1629, au prince de Carignan Emmanuel-Philibert, atteint de la même infirmité, et Pierre de Castro, premier médecin du duc de Mantoue, instruisait plus tard le fils du prince Thomas de Savoie; leurs procédés sont restés inconnus.

Jusqu'alors les tentatives faites de loin en loin pour perfectionner l'enseignement des sourds-muets étaient restées isolées, individuelles ; l'œuvre disparaissait avec celui qui l'avait entreprise.

« Avec l'abbé de l'Epée commence une nouvelle ère pour l'éducation des sourds-muets. Jésus-Christ avait dit aux apôtres : *Ite, et docete omnes gentes ;* et les sourds-muets n'avaient pas encore ressenti l'effet de cette parole divine. L'abbé de l'Epée, obéissant à une inspiration céleste, a le premier accompli cette mission politique. A sa voix, les préjugés tombent, le sourd-muet réhabilité relève la tête, la parole n'est plus l'instrument unique, indispensable de la pensée, l'écriture y supplée, et le langage des gestes vient interpréter la valeur des mots.

« Le premier, l'abbé de l'Epée a réduit l'enseignement des sourds-muets en corps de doctrine ; le premier il leur a ouvert une école, il a formé de nombreux disciples pour perpétuer son œuvre et lui donner ainsi le caractère d'un bienfait général ; par ses travaux, par son ardente charité, par l'éclat de ses exercices, il a vivement excité la sympathie publique en faveur des sourds-muets, provoqué l'attention sur l'art de les instruire, et par là il a sauvé de l'oubli ses devanciers eux-mêmes. C'est à juste titre qu'il est regardé comme le véritable fondateur des écoles de sourds-muets.

« Honneur et gloire à ce bienfaiteur de l'humanité ! » (Morel).

L'abbé de l'Epée appuyait principalement son enseignement sur les *signes méthodiques,* nouveau langage mimique qu'il institua comme complément de la pantomime apportée par le sourd-muet dans ses rapports avec le maître. Il s'agissait de faire connaître d'abord ces signes méthodiques à l'élève, puis de s'en servir pour lui enseigner à la fois la nomenclature et la syntaxe de nos langues conventionnelles. Ainsi l'éducation entière du sourd-muet devenait une traduction continuée ; mais, avec ce système, tout en développant son intelligence, l'élève n'arrivait pas à pouvoir de lui-même rendre ses idées par écrit (1).

L'abbé Sicard avait été envoyé à Paris par Mgr de Cicé, archevêque de Bordeaux, pour apprendre la théorie et la pratique de la méthode qu'employait l'abbé de l'Epée. Adoptant les principes fondamentaux de son illustre maître, cet habile instituteur continua, réforma et coordonna le système des signes méthodiques ; il nous a légué son travail et l'a publié dans un ouvrage auquel il donna le nom de *Théorie des signes*. Son *Cours d'instruction d'un Sourd-Muet* composé de vingt-cinq exercices expose les procédés abstraits et grammaticaux auxquels il recourait tout en y apportant de nombreuses modifications dans la pratique usuelle.

L'abbé Sicard mourut en 1822, après avoir dirigé pendant 30 ans l'Institution des sourds-muets de Paris. Un de ses disciples, M. Bébian, aussi distingué par son génie que par sa tendre affection pour les sourds-muets, rédi-

(1) Quelques années après la mort de l'abbé de l'Epée, le roi Louis XVI fonda l'institution de Paris, création à laquelle la loi des 21 et 29 juillet 1791 imprima le caractère d'un monument national.

gea un manuel d'enseignement pratique dans le but de fixer d'une manière stable le modèle des procédés usuels les plus simples, les plus utiles.

« Ce n'est point, dit-il, un cours complet d'instruction que nous offrons ici aux parents et aux instituteurs...... Nous n'avons eu en vue, dans ce manuel, que l'étude de la langue, et même qu'une partie de cette étude ; mais la partie la plus difficile, la plus importante, celle qui forme la base de toute l'instruction des sourds-muets, l'enseignement grammatical. »

Enfin, M. de Gerando, ce philosophe pieux, ce philanthrope éminemment chrétien, cet écrivain fécond, aussi admirable par les œuvres de sa haute intelligence que par les inspirations de son noble cœur, publia un traité savant sur l'*Education des Sourds-Muets de naissance*, ouvrage le plus précieux dans son genre, d'un mérite au-dessus de tout éloge. L'auteur éminent y trace l'histoire complète de l'art d'instruire les sourds-muets depuis son origine, examine et juge toutes les méthodes employées ; il expose judicieusement la théorie et indique les perfectionnements que l'expérience doit apporter à la pratique. (Voir la Notice biographique sur le baron de Gerando, par Mlle Octavie Morel.)

Méthode.

Nous pensons, avec M. de Gérando, que pour l'instruction des sourds-muets il faut renoncer aux méthodes par traduction. « Les langues qu'on enseigne par la traduction, sont les langues étrangères, les langues savantes. Celle qu'il s'agit d'enseigner au sourd-muet doit devenir, comme pour tous ses compatriotes, la langue maternelle! Les langues enseignées par la première de ces deux voies ne contractent avec la pensée qu'une alliance médiate. Celle qui s'enseigne directement s'unit intimement à la pensée. » Nous partageons aussi l'opinion de l'abbé Sicard lorsque, s'élevant contre les méthodes grammaticales, il dit : « Ah! qu'on ne perde jamais de vue qu'il ne faut faire d'abord des sourds-muets ni des grammairiens, ni des métaphysiciens; tout le cours de leur instruction doit avoir pour objet d'en faire des hommes! Comment fallait-il commencer l'instruction des sourds-muets? Est-ce par des leçons de grammaire, à l'imitation des enfants qui entendent et qui parlent? Non sans doute : ceux-ci savent déjà une langue quand on leur donne un maître. Imiter la mère et tout ce qui entoure l'enfance, tel devait être le premier soin de l'instituteur des sourds-muets. » (*Théorie des signes.*)

Oui, Messieurs, imiter l'enseignement maternel, employer les mêmes procédés que la mère emploie, elle, la seule institutrice digne de ce nom; remplacer la mère dans l'éducation du jeune sourd-muet, telle est la méthode à laquelle nous accordons une juste préférence; nous ne pensons pas pouvoir faire un meilleur choix. « Que fait donc la mère? Elle enseigne à son enfant à voir ce qui existe hors de lui, à remarquer ce qui se passe en lui; elle l'aide à établir une comparaison entre les choses et à se comparer à elles, à les juger, à désirer les unes, à repousser les autres, à aimer le bien, à fuir le mal, à vouloir, à se dominer, à se méfier de lui-même, à se braver. Elle dirige ses convictions et sa conscience;

elle fait éclore ses sentiments; elle lui apprend même à aimer, car cela s'apprend comme le reste..... Tout cet enseignement se donne sans que la mère se soucie de la langue, de ses lois ou de son élégance. Dans le cours de ses relations avec l'enfant, elle sème des mots qu'elle anime en y attachant une idée, et ces mots restent comme des jalons, ou comme des phares qui empêchent l'enfant de s'égarer......

Elle ne s'adresse d'ailleurs jamais à l'intelligence de l'enfant sans y intéresser tout son être, son cœur, sa volonté, son imagination; elle sait qu'il faut développer toutes ses facultés à la fois ; qu'il doit y avoir harmonie entre ses sentiments, ses habitudes et ses idées; que ce n'est pas un corps, que ce n'est pas une âme qu'elle dresse, comme le dit Montaigne, mais que c'est un homme qu'elle forme.

Il y a plus encore : la mère n'enseigne pas la langue, elle n'enseigne que des idées, elle s'adresse directement à la raison de son enfant et ne se méfie pas de son activité ; elle a foi dans son intelligence et raisonne avec lui comme s'il la comprenait; elle agit et le fait agir en même temps, elle lui fait prendre des conclusions et les exécute par lui; l'enfant vit de la vie de la mère..... Sur les genoux de sa mère, l'enfant est plus riche en idées qu'en phraséologie; ses pensées sont plus nettes que ses phrases ne sont élégantes ; la mère est allée au plus pressé; elle reviendra sur l'accessoire et polira peu à peu le langage de l'enfant. » (*Mémoire sur l'instruction des Sourds-Muets*, par l'abbé Carton.)

Nous nous efforçons de suivre la voie que l'intelligent

et dévoué instituteur de Bruges a frayée devant nos pas: n'ayant pas le génie de la mère, nous ne saurions la remplacer complètement, mais nous l'étudions avec soin et nous l'imitons d'aussi près qu'on le peut.

« Pour être fructueusement mise en pratique, la méthode naturelle exige : premièrement, que le sourd-muet soit réintégré dans une position aussi rapprochée que possible de l'état où se trouve l'enfant au berceau ; deuxièmement, que l'instituteur sache faire produire à l'écriture les principaux effets de la parole vivante. » (M. Valade.)

C'est pourquoi, dès l'entrée du sourd-muet dans l'institution qui lui offrira la vivante image de la famille, nous le plaçons dans les mêmes conditions matérielles et morales que le petit enfant. Les personnes et les choses dont il est entouré parlent à ses yeux et à son esprit ; il comprend le langage des faits et les expressions de la physionomie avant de comprendre la langue écrite. Des relations s'établissent entre ses maîtres, ses camarades et lui ; il augmente de plus en plus les connaissances qu'il acquiert par l'usage des signes naturels avec l'aide des autres élèves qui concourent à son instruction ; d'un autre côté, son cœur se formera sous l'influence de l'intérêt et de l'affection qu'on lui témoigne, des idées morales et religieuses qu'on développera en lui insensiblement, des bons exemples dont il sera témoin.

Les enfants dont l'éducation nous est confiée sont affligés d'une double infirmité ; pour y remédier nous substituons l'œil à l'oreille, l'écriture à la parole, et nous faisons entrer par les yeux, à l'aide de l'écriture, ce que la mère y eût fait entrer par les oreilles à l'aide de la parole, en associant, sans intermédiaire, l'idée avec le mot écrit.

Mais les mots écrits sont incontestablement bien infé-rieurs aux mots parlés, comme moyen de communication habituel; ils exigent la présence de la lumière, ne peuvent être aperçus que d'une assez faible distance, ne se tracent qu'avec une certaine lenteur, favorisent par leur permanence la paresse de l'élève qu'ils n'émotionnent point et pour lequel ils n'ont aucune puissance de sympathie.

Dans sa *Méthode de langue française pour les sourds-muets,* œuvre d'un grand savoir et d'une longue expérience pratique, M. Valade, après avoir exposé lès défauts de l'écriture, enseigne plusieurs moyens pour lui faire contracter artificiellement les principales propriétés de la parole vivante. Ces expédients sont aussi faciles qu'avantageux, et l'étude en est fort intéressante et utile. Le même ouvrage que nous venons de citer développe, avec le talent supérieur dont est doué son éminent auteur, les principes, les procédés et les exercices usités dans cette institution pour l'enseignement de la langue française aux sourds-muets.

MOYENS DE COMMUNICATION.

« L'éducation, dit Rollin, est de toutes les sciences la plus difficile et la plus importante, et celle dont on s'occupe le moins. » Nous ne nous dissimulons point les nombreuses difficultés qui exercent la sagacité et la patience des parents et des maîtres appelés à former, à diriger le cœur de l'enfant et à le maintenir dans le chemin de la vertu. Nous considérons l'éducation proprement dite comme la partie de notre tâche la plus importante ; pour nous, le but essentiel c'est de rendre le sourd-muet à la vie morale et religieuse ; l'instruction n'est qu'un moyen d'atteindre ce but. Mais nous croyons aussi que l'instituteur du sourd-muet se trouve en présence de sérieuses difficultés lorsqu'il entreprend d'enseigner à son élève la langue maternelle, et de le mettre en possession de cette langue, de telle sorte : 1° que le sourd-muet trouve, dans l'instrument qui lui sera donné, le moyen d'obtenir la culture intellectuelle qui lui manque, au plus haut degré possible ; 2° que cet instrument lui fournisse aussi le moyen de communication le plus général et le plus constant avec ses semblables. (De Gerando.)

Nous avons exposé la méthode qu'il faut suivre de préférence pour atteindre ce but ; disons maintenant quelques mots sur les différents moyens de communication en usage pour l'instruction des sourds-muets.

L'Intuition.

Le premier moyen d'explication employé pour l'intelligence de la langue est l'*intuition*, qui consiste à mettre les choses réelles, les faits eux-mêmes, sous les yeux de l'élève. « Le mérite des méthodes d'enseignement (dit M. de Gerando) consiste à répandre aussi abondamment qu'il est possible la lumière de l'intuition et à la conserver dans toute sa pureté. » *La méthode intuitive* à laquelle appartient une juste prééminence dans quelque ordre d'enseignement que ce soit, est le moyen le plus simple, le plus sûr pour conduire le sourd-muet à la connaissance de la langue écrite. Elle est adoptée aujourd'hui par un grand nombre d'écoles, entre autres les institutions impériales de Paris, de Bordeaux et de Chambéry.

Mais l'intuition réelle n'est pas possible dans bien des circonstances; alors on y supplée par le *dessin*.

Le Dessin.

Le dessin est une sorte de langage naturel que le sourd-muet entend comme nous; mais il est renfermé dans des bornes très étroites puisqu'il n'a rapport qu'aux objets visibles et aux seules formes extérieures; en outre, il induit parfois l'élève en erreur, soit quand on l'emploie pour faire concevoir des notions abstraites, par exemple dans l'enseignement de la religion, soit quand on en fait un instrument d'intuition au lieu d'en faire un simple instrument de rappel. L'instituteur doit se tenir en garde contre ces deux sortes d'abus.

La mimique.

Il existe un autre moyen de communication plus général, un langage non moins naturel et dans lequel le
sourd-muet sera notre guide et quelquefois notre maître ; je veux parler du langage des gestes ou *mimique.*
« Pour étendre les facultés du sourd de naissance, mul-
tiplier ses idées, le moraliser, lui communiquer les vérités de la religion, lui donner même une certaine instruction générale, le langage naturel des signes est l'instrument par excellence, pourvu qu'en cherchant à le perfectionner on ne le dénature point, et que la crainte de
le dénaturer ne porte pas à en exagérer les défauts. »
(M. Valade.)

Il y a un certain nombre d'élèves qui sans être idiots
ne sont pas susceptibles d'être introduits dans la connaissance suffisante de nos langues artificielles, mais dont
l'intelligence peut recevoir un certain degré d'instruction par le langage des gestes. Sous ce point de vue
ce langage acquiert une haute importance, car il servira
à rendre ces infortunés à la vie morale et religieuse.

Le système des signes appelés méthodiques est exclu
de notre enseignement et remplacé par celui des signes
naturels et des signes conventionnels généralement
admis ; de même, au lieu d'adopter les signes réguliers,
c'est-à-dire de calquer la phrase mimique sur la phrase
française, nous avons soin de conformer notre langage
mimique aux règles de la syntaxe qui lui est propre, en
faisant correspondre les signes non pas aux mots, mais
aux idées.

Quant à l'emploi de ce moyen de communication pour enseigner notre langue aux sourds-muets, nous croyons devoir en être très sobres, surtout durant la première période de l'instruction, et nous préférons enseigner la langue écrite comme la langue maternelle, sans l'intermédiaire des signes, par l'intuition des choses et des faits, toutes les fois que cela est possible.

« On comprend qu'avec un jeune enfant qui a encore très peu observé, il est indispensable de commencer par montrer les objets en nature ou dessinés ; c'est en leur présence qu'il leur donnera un signe qui servira ensuite de rappel, signe que l'enfant tire habituellement de ce qui frappe le plus dans un objet. » (Mlle Ferment.) « La bonne application de ce langage est un puissant moyen dans l'éducation du sourd-muet, tant pour développer son intelligence que pour former son caractère et son cœur. Un rôle important lui est aussi assigné dans l'étude du langage écrit, comme moyen de traduction du maître à l'élève pour faire comprendre ou rappeler des faits absents, et de l'enfant au maître pour assurer celui-ci que l'enfant a bien compris ce qu'il a lu. » (Mlle Ferment.)

Un quatrième moyen de communication entre les parlants et le sourd-muet, c'est l'*écriture*.

L'écriture.

« Le langage naturel du sourd-muet, celui dont il se sert habituellement et auquel il accorde une préférence marquée, c'est le langage des signes, auquel il unit fort souvent la dactylologie. Mais comme il est appelé, après avoir terminé son éducation, à vivre au sein d'une famille, d'une société où cette langue n'est pas usitée, on se hâte de lui apprendre la langue écrite, travail long et vraiment ingrat, mais qui, cependant, présente un bon résultat, si le maître qui en est chargé sait allier l'habileté à la patience et la patience au dévouement. » (Pélissier.)

L'écriture montre sous une forme visible aux yeux du sourd-muet la langue que le parlant fait entendre à nos oreilles. Par elle, lorsqu'il est arrivé à un certain degré d'instruction, il entre aisément en commerce avec les autres hommes, se fait comprendre à son tour, et, en s'adonnant à la lecture, il découvrira une mine féconde de richesses intellectuelles et acquerra par l'étude des livres ce qu'il ne peut acquérir par la conversation.

La Dactylologie.

Comme moyen d'étude, de répétition et de communication, on enseigne encore au sourd-muet la dactylologie, appelée autrement alphabet manuel parce qu'elle représente les vingt-quatre lettres de l'alphabet au moyen de vingt-quatre mouvements des doigts. Ce genre d'écriture offre de grands avantages à ceux qui sont privés de la parole ; mais les parlants se soucient trop peu de l'apprendre pour que les sourds-muets en retirent une utilité réelle en dehors des écoles spéciales.

« Bonnet, né en Espagne au XVIe siècle, est le premier qui se soit servi de l'alphabet manuel, tant pour converser que pour enseigner à parler et à écrire, tout en usant du langage d'action, qui a bien plus d'efficacité que le langage des signes mimiques. Ainsi, c'est à l'adoption de l'alphabet manuel qu'on peut attribuer les premiers succès de l'enseignement des sourds-muets, ne portant pas exclusivement sur la parole artificielle.

« Il faut, dit Bonnet, remplacer le son que les lettres expriment, par leurs *formes*... Les personnes qui vivront avec le sourd-muet apprendront l'alphabet manuel pour s'entretenir avec lui. » (M. Piroux, *Méthode de dactylologie pour l'éducation, l'instruction et les relations des Sourds-Muets, etc.*)

La lecture sur les lèvres. — L'articulation.

Comme dernier moyen dont le sourd-muet dispose pour entrer en communication avec nous, et transmettre les idées acquises par d'autres voies, nous citerons la lecture sur les lèvres et l'articulation ou parole artificielle, qui ne sauraient être utilement enseignées à tous les sourds-muets indistinctement. Ceux-ci ne lisent couramment que sur les lèvres des personnes qui leur sont familières. Lorsqu'ils ont affaire à des inconnus, d'une part la difficulté de comprendre, de l'autre la difficulté d'être compris, rendent extrêmement pénibles pour tous ces rares et courtes communications.

« Quant à l'articulation, elle n'est ni ne peut être autre chose qu'un complément d'instruction : encore, le succès dépend-il des dispositions particulières de l'élève... Il ne faut pas la proscrire impitoyablement, mais il importe surtout de prendre garde à ne pas trop l'élever au-dessus de sa véritable valeur. » (M. Berthier.)

En nous livrant à l'étude de l'art d'enseigner les sourds-muets, nous avons pu constater que chacun des procédés employés comme moyen de communication, a ses avantages et ses défauts, et nous sommes amenés à conclure qu'aucun ne peut être employé exclusivement seul, et qu'ils ont besoin tous ensemble de s'associer d'une manière plus ou moins complète.

Les méthodes adoptées pour instruire les sourds-muets consistent dans une certaine combinaison de ces moyens divers, et dans l'art de les faire concourir ensemble. Si les institutions diffèrent entre elles sous ce rapport, c'est uniquement par la prééminence qu'elles accordent à l'un ou à l'autre de ces divers moyens d'enseignement, en lui faisant jouer le rôle principal.

« Après tant de découvertes et de discussions profitables à la science, il ne reste aujourd'hui, à ceux qui s'occupent de cet objet, qu'à faire une application heureuse des moyens qu'on a employés jusqu'ici, et, joignant les méthodes sans les confondre, à former un faisceau de tous ces rayons épars. Rendons grâce aux inventeurs de ces précieuses découvertes, et au zèle de ceux qui se dévouent à une profession si laborieuse et si peu appréciée. » (Alexandre Rodenbach.)

Avant de terminer, il est pour nous, Messieurs, un devoir bien doux à remplir : celui de vous offrir le tribut d'une juste et profonde reconnaissance pour l'intérêt tout particulier que vous voulez bien témoigner à nos chers élèves. Une infirmité cruelle les empêche d'entendre vos applaudissements et les paroles de sympathie qui se disent parmi vous en leur faveur, mais leurs regards intelligents pénètrent jusqu'au fond de votre âme, et y découvrent toute l'étendue de votre tendre affection pour eux. Leur langue, pour vous exprimer leur gratitude sans bornes, est, hélas! impuissante. Dans l'éternité seulement, elle se déliera pour entonner l'hymne de la reconnaissance. Mais le souvenir de ce beau jour restera profondément gravé dans leurs jeunes cœurs.

En répondant à notre invitation, vous êtes venus donner un solennel témoignage de votre filiale reconnaissance envers l'auguste souveraine sous le patronage de laquelle cette institution se trouve placée, et dont la magnanime générosité ne dédaigne pas de s'incliner sans cesse vers toutes les infortunes, quel que soit leur nom. Mais, en outre, par votre présence, qui nous honore autant qu'elle relève l'éclat de cette solennité imposante, vous êtes venus encourager nos efforts et notre persévérance, et enfin donner un prix infini aux récompenses que ces chers enfants vont recevoir de vos mains.

Encore une fois, Messieurs, grâces vous soient rendues! Pour nous, qui avons l'intime conviction qu'aujourd'hui les sourds-muets auront trouvé en vous autant de nouveaux amis et de protecteurs dévoués, il ne nous reste plus qu'un vœu à faire en terminant : c'est de pouvoir consacrer sans partage notre existence à la régénération et au bien-être de ces infortunés, et de mériter qu'un jour un sourd-muet écrive sur notre tombe : « Il nous aima comme un père! »

OBSERVATION.

En composant ce petit traité sur l'éducation des sourds-muets, je n'ai nullement eu en vue d'imposer mon autorité à qui que ce soit, mais uniquement de résumer ce qui a déjà été écrit sur cette matière par les personnes compétentes les plus éminentes. Je n'ai donc d'autre mérite que celui de l'abeille qui, allant d'une fleur à une autre, en extrait le meilleur suc dont elle composera son rayon de miel.

Voici les principaux ouvrages où j'ai puisé la matière de ce discours :

Traité de l'éducation des Sourds-Muets, par De Gérando; *Annales de l'éducation des Sourds-Muets*, par M. Morel; *l'Instruction des Sourds-Muets*, par l'abbé Carton; *Méthode de Langue française pour les Sourds-Muets*, par M. Valade-Gabel.

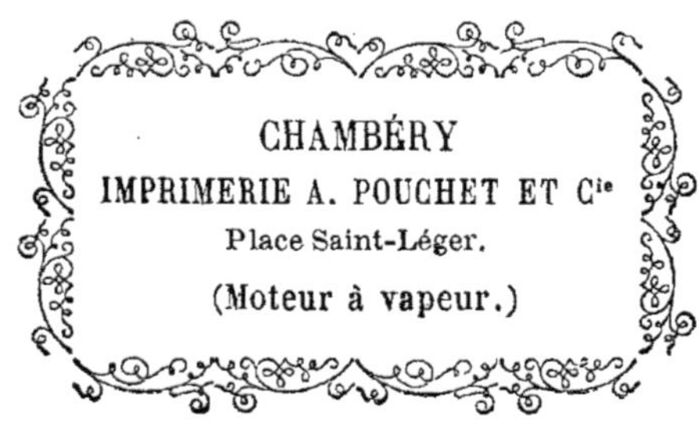

CHAMBÉRY
IMPRIMERIE A. POUCHET ET Cie
Place Saint-Léger.

(Moteur à vapeur.)